Rund ums Osterfest

Text und Redaktion
Brigitte Bodenstab
Zeichnungen und Gestaltung
Arno Czerwonka

1.2.3.4. Auflage/Jahr 98 97 96
© 1996 Zebold Verlag GmbH, München
Umschlag: A. Czerwonka, Reichertshausen/Ilm
Druck: Aumüller Druck KG, Regensburg
Printed in Germany

ISBN 3-86188-171-3

Liebe Leser

Obwohl Ostern für die Christen das wichtigste Fest im Kirchenjahr ist, findet es oft weniger Beachtung als das Weihnachtsfest. In diesem Buch findet jeder viele Anregungen für die Frühlings- und Osterzeit:
Spiel- und Bastelideen, Muttertagsgeschenke und die Ostergeschichte. Alles ist ohne viel Zeit- und Geldaufwand herzustellen.

Viel Freude beim Ausprobieren und Neues entdecken wünscht die Autorin

Inhaltsverzeichnis

Vorschläge für Frühlings-
und Ostermotive 7

**Karten für Muttertag,
Frühling und Ostern**
Namenskarten................................ 10
Kompliment 11
Sonne.. 12
Drei Herzen 14
Scherenschnittgrüße..................... 15
Hase mit Kiepe 16
Schiebekarte 18

Der geschmückte Ostertisch
Korb 20
Hase mit Schokoei 22
Auf der Wiese 23
Osterglocke im Becher 24
Eierbecher (Auf der Wiese) 26
Mit dabei das Frühstücksei 27
Stoffei als Serviettenhalter........... 28
Serviettenhase 29
Die Osterkerze 30

Kerzenhalter mit Teelicht 30
Die geschmückte Wohnung
Hasengirlande................................ 34
Stabblumen aus Papier 36
Frohe Ostern • Türschmuck 37
Der Osterhase................................ 38
Das Osterei.................................... 39
Eier für den Osterstrauch 40
Ei mit Schleife 41
Ei zum Stecken 42
Osterfenster –
für kleine Fenster geeignet. 43
Mobile 44

**Rund um die
Ostergeschichte**
Die Ostergeschichte 46
Rätsel 47
Die Ostergeschichte II 48
Das Gespräch 49
Die Gesichter der Maria 50
Die Emmausjünger 52
Würfelspiel 53
Spielplan 54
Das Osterquiz 56

Inhaltsverzeichnis

Spiele
Eier anmalen 58
Käferwettflug 59
Feierabend 60
Ostereiersuche mal anders 61
Ostereiersuche mit Musik 62
Ostereiersuche mit Quizfragen 63
Ostereiersuche mit Aufgaben 64
Ostereiersuche mit Spaziergang 64
Farbsuche – Was man mit
ausgesuchten Eiern machen kann 65
Spielideen für draußen
Huhn, Ente und Hase 67
Geschmackstest 68
Eier-Boccia 69

Rezepte
Blumentopfkuchen zum Muttertag 72
Nest aus dem Backofen 73
Quarkeier herzhaft und süß 74
Bunte Blume 75
Der einfache Eiersalat 76
Osterwiese als Nachtisch 77

Frühlingsgrüße aus Naturmaterial
Glockenspiel 79
Astgesteck zum Hängen 80
Auf dem Hühnerhof 81
Das halbe Ei 82
Gerade geschlüpft 83
Palmkranz 84

Muttertagsgeschenke
Der Muttertag 86
Glockenblume 87
Hut 88
Kette 89
Geschenkkarton 90
Herzkranz 91
Handtuchhalter 92
Womit man die Mutter
noch überraschen kann 93
Auflösung 94

Vorschläge für Frühlings- und Ostermotive

Blütenzweige
Ei
Ente
Gans
Gänseblümchen
Glockenblume
Hahn
Hase z.B. mit Kiepe, mit Pinsel usw.
Henne
Hühnerhaus
Kirche
Korb z.B. mit Eiern
Küken
Lamm
Maikäfer
Marienkäfer
Nest
Osterglocke
Schleife
Schmetterling
Sonne
Tulpe
Vogel

Wenn bei den Bastelideen Papier angebeben ist, kann oft auch Wellpappe oder Moosgummi verwendet werden.

Karten für Muttertag, Frühling und Ostern

Namenskarten

Das wird gebraucht:
- bunte Papierreste oder Karten
- Stifte

1.
Die Buchstaben von dem Vornamen der Mutter untereinander schreiben.

2.
Aus den Buchstaben neue Wörter oder einen Satz bilden.

Tip:
Auch Papas, Großeltern, Tanten usw. freuen sich sicher über eine Karte.

Kompliment

Das wird gebraucht:
- Papierreste oder Karten ❖ Stifte
- Kleinigkeiten wie Knöpfe, Pflaster usw.
- Kataloge ❖ Prospekte o.ä.

1.
Ein Kompliment auf die Karte schreiben.

2.
Das passende Motiv aus einem Katalog ausschneiden oder aufmalen und zusammen mit dem kleinen Gegenstand aufkleben.

Sonne

Das wird gebraucht:
❖ Pappe ❖ Schere ❖ Klebstoff
❖ Tonpapier in drei passenden gelb und orange Farben

1.
Das Achteck und die Streifen auf die Pappe übertragen. Es paßt genau in einen Briefumschlag.

(Originalgröße)

(Originalgröße)

2.
Beide Teile ausschneiden und als Schablone benutzen.

3.
Aus dem Tonpapier acht Streifen (jeweils 4 von einer Farbe) zuschneiden.

4.
Aus der dritten Farbe das Achteck schneiden.

5.
Die Streifen in den Farben abwechselnd an das Achteck kleben. (Ca. ½ cm Kleberand)

6.
Die Streifen der Reihe nach auf das Achteck knicken.

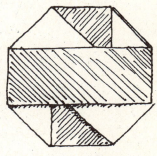
Vorderseite

7.
Grüße und Wünsche in die Sonne schreiben.

Rückseite

Drei Herzen

Das wird gebraucht:
❖ Musterklammer ❖ buntes Papier in drei passenden Farben ❖ Schere

1.
Drei Herzen in unterschiedlichen Größen aus dem Papier ausschneiden.

2.
Die Herzen der Größe nach aufeinanderlegen und die Musterklammer durchstecken.

3.
Liebeserklärungen auf die Herzen schreiben.

Scherenschnittgrüße

Das wird gebraucht:
- Klappkarte
- Schere
- Klebstoff
- Japanserviette, DIN A 6
- Papierstücke (Schreibmaschinenpapier)

1.
Auf die Karte ein Motiv aufmalen und die entsprechenden Teile ausschneiden.

Schreibmaschinenpapier

Japanserviette

Klappkarte

2.
Ein Stück Japanserviette passend dahinterkleben.

3.
Ein Stück Schreibmaschinenpapier auf die Serviette kleben.

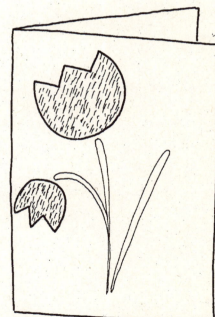

Noten ausschneiden

Japanserviette hinter die Karte kleben

Hase mit Kiepe

Das wird gebraucht:
❖ festes weißes Papier ❖ Stifte zum Anmalen ❖ Schere ❖ Klebstoff

1.
Einen sitzenden Hasen aufmalen und ausschneiden.

2.
Etwa die Hälfte des Rückens noch mal ausschneiden.

3.
Drei Seiten dieses Teils mit Klebstoff bestreichen – oben bleibt es offen – und auf den Hasen kleben.

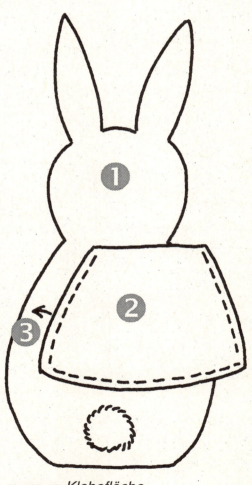

– – – *Klebefläche*

4.
Den Hasen von beiden Seiten anmalen.
Dabei hinten eine Kiepe und vorn die
Gurte aufmalen.

5.
Einen Brief in die Kiepe stecken.

Schiebekarte

Nach seinem Tod wurde Jesus in ein Felsengrab gelegt. Man kann es sich ähnlich wie eine Felshöhle vorstellen. Ein großer runder Stein wurde vor die Öffnung gerollt. Es waren starke Männer nötig, um den Stein wieder wegzurollen. Doch am Ostermorgen ist der Stein zur Seite geschoben. Das Grab ist leer. Jesus ist auferstanden.

Das wird gebraucht:
- festes weißes Papier ❖ Buntstifte
- schwarzer Filzstift ❖ Bleistift
- Schere ❖ Schneidemesser

1.
Ein Stück Papier in DIN A 6 (14,8x10,5) zuschneiden und eine Felshöhle aufmalen. In die Öffnung die Worte „Jesus lebt" schreiben.

2.
Die Öffnung (den Stein) auf ein weiteres Stück Papier malen. An einer Seite des Steins einen 1,5 cm breiten Streifen zeichnen und alles ausschneiden.

3.
Ca. 1 cm vom Rand zwei Einschnitte machen und den Streifen durchziehen.

4.
Felsen, den Hintergrund und den Stein mit dem Streifen anmalen.
Wenn man an dem Streifen zieht, rollt der Stein vom Grab.

Der geschmückte Ostertisch

Korb

Das wird gebraucht:
- festes weißes Papier
- Stifte
- Blumenkatalog
- Klebstoff
- Schere

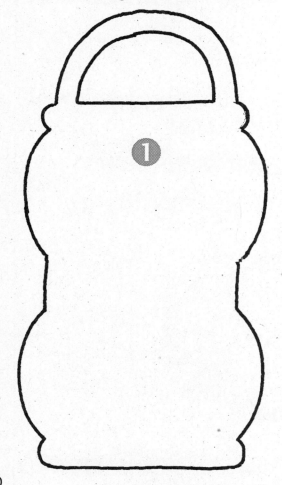

1.
Auf das Papier einen Korb mit Henkel zeichnen, darunter einen 3 cm breiten Streifen und den Korb ohne Henkel malen.

2.
Das ganze Teil außen ausschneiden.

3.
Den Streifen längs knicken. (Nach innen, nach außen, nach innen).

4.
Blumen aus dem Katalog ausschneiden und auf den oberen Teil – zwischen Henkel und den Korb kleben. Dabei sollen die Blumen ruhig über den Henkel hinausgehen.

5.
Den vorderen Teil des Korbes anmalen.

6.
Aus dem Papier ein kleines Rechteck schneiden und den Namen des Gastes darauf schreiben.

7.
Die Blumen in der Mitte etwas einschneiden.

8.
Das Kärtchen auf den Korb kleben, dabei eine Ecke durch die eingeschnittenen Blumen schieben.

Hase mit Schokoei

Das wird gebraucht:
- Tonkartonreste in Grün und Braun
- kleine Schokoladeneier
- Klebeband,
- Stifte
- Schere

1.
Auf das braune Papier einen Hasen mit einem Steg zeichnen.

2.
Aus dem grünen Papier ein Rechteck ausschneiden und dies längs knicken.

3.
Im Knick einschneiden.

4.
Dem Hasen ein Gesicht malen und den Namen des Gastes auf den Hasen oder das Gras schreiben.

5.
Mit dem Klebeband ein Schokoei als Schwänzchen hinten am Hasen befestigen.

Originalgröße

Originalgröße

6.
Den Hasen durch den Schlitz im Gras schieben.

Vorderseite *Rückseite* *Schokoei*

Tip:
Wenn der Hase umfällt, den Schlitz erweitern und den Hasen weiter reinschieben.

Auf der Wiese

Das wird gebraucht:
- Tonkarton in Dunkelgrün
- Tonpapierreste in Gelb, Rot und Blau
- Schere ❖ Stifte,

1.
Aus dem Tonkarton ein gleichschenkliges Dreieck schneiden und in der Mitte knicken.

2.
Im oberen Teil des Knicks eine Zacke rausschneiden.

3.
Aus dem Tonpapier eine Tulpe, einen Käfer oder einen Schmetterling schneiden, den Namen aufschreiben und in die Zacke schieben.

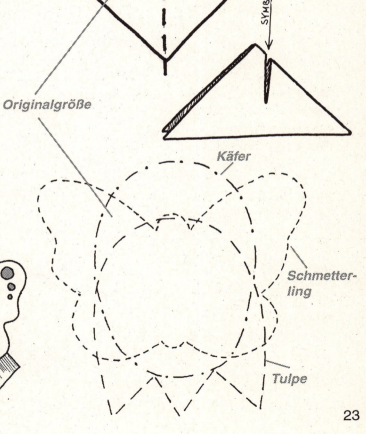

Osterglocke im Becher

Soll die Osterglocke nur als Tischschmuck dienen, wird der Becher mit Papier ausgestopft. Mit Süßigkeiten gefüllt, ist sie auch ein prima Geschenk, das der Gast mit nach Hause nehmen darf.

Das wird gebraucht:
Joghurtbecher   Süßigkeiten oder Papier zum Füllen   Schaschlikspieß   grünes Kreppapier   Klebstoff   Eierkarton   Rest gelber Tonkarton   gelbe Malfarbe   evtl. weitere Farbe zum Bemalen des Bechers   Klebestreifen

1.
Aus dem Eierkarton eine Innenspitze ausschneiden. Das offene Stück wellenförmig einschneiden, die geschlossene Spitze ca. 1,5 cm abschneiden.

2.
Das Teil gelb anmalen. Den Becher falls nötig auch bemalen.

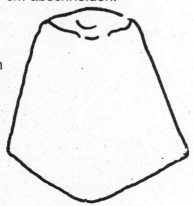

3.
Oben in den Becher einen Streifen grünes Kreppapier kleben.

4.
Den Becher mit Süßigkeiten füllen, oder mit Papier ausstopfen.

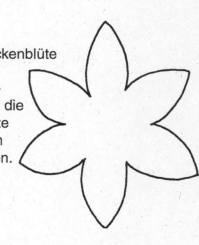

5.
Einen Schaschlikspieß in den Becher stecken.

6.
Eine Osterglockenblüte aus gelbem Tonkarton ausschneiden und die Eierkartonspitze als Innenteil an die Blüte kleben.

7.
Mit einem Klebestreifen am Schaschlikspieß befestigen.

8.
Mit einem Faden das Kreppapier zubinden.

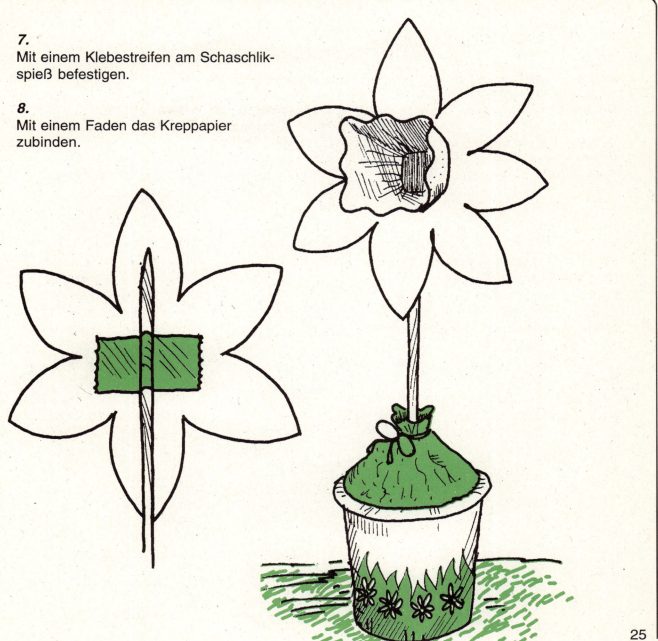

Eierbecher *(Auf der Wiese)*

Das wird gebraucht:

❖ Teil einer runden Käseschachtel,
❖ Toilettenrolle ❖ grüne und rote Abtönfarbe ❖ Pinsel kleine flache Steine
❖ Rest oranges Tonpapier ❖ Schere
❖ Klebstoff ❖ schwarzen Filzstift

1.
Von der Toilettenrolle einen 2 cm breiten Ring abschneiden.

2.
Die Käseschachtel und den Ring grün anmalen.

3.
Die Steine rot anmalen. Nach dem Trocknen mit einem schwarzen Filzstift auf jeden Stein den Kopf und die Punkte von einem Marienkäfer aufmalen.

4.
Den Ring und die Käfer in die Käseschachtel kleben.

5.
Das Ei in den Ring stellen.

6.
Aus dem Tonpapier eine Blüte schneiden und auf das Ei legen.

Tip:
Wer will, kann statt der Marienkäfersteine auch Käfer aus Schokolade nehmen.

Mit dabei das Frühstücksei

Ein Tip für alle, die es nicht geschafft haben, etwas für Ostern vorzubereiten:

Jedes Familienmitglied bekommt sein Frühstücksei bemalt oder beklebt auf den Frühstückstisch.
z.B. ❖ ein Bild vom letzten Urlaub auf das Ei malen ❖ eine Liebeserklärung darauf schreiben ❖ einen Witz aus der Zeitung ausschneiden und aufkleben ❖ ein Rätsel ❖ einen Wunsch usw. usw.

Stoffei als Serviettenhalter

Das wird gebraucht:

❖ Pappe ❖ Schere und Schneide-messer ❖ Stoffrest ❖ Rest von Schleifenband ❖ Klebstoff ❖ Serviette

1.
Eine Eiform aus der Pappe schneiden und mit Stoff bekleben.

2.
Aus dem Band eine Schleife legen und oben auf das Ei kleben.

3.
Mit dem Messer zwei Einschnitte machen, (siehe Skizze) und die Serviette durchschieben.

4.
Hinten die Serviette abknicken und das Stoffei auf einen Teller stellen.

Serviettenhase

Das wird gebraucht:
- Joghurtbecher
- Serviette
- Abtönfarben

1.
Auf den Becher ein Hasengesicht malen.

2.
Die Serviette falten:

In der Diagonalen

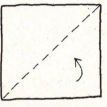

und dann aufrollen

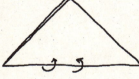

3.
Die gerollte Serviette als Hasenohren in den Becher stellen.

Mit Süßigkeiten gefüllt, kann der Becher auch als Geschenk verwendet werden.

Die Osterkerze

In vielen Kirchen bekommen die Gottesdienstbesucher eine Osterkerze geschenkt. Mit dem Ostergruß "Der Herr ist auferstanden" zündet man sich gegenseitig die Kerzen an.

Kerzenhalter mit Teelicht

Das wird gebraucht:
- ein Stück festes Papier
- Schere
- Bleistift
- Teelicht

1.
Aus dem Papier eine Frühlings- oder Ostermotiv schneiden.

Motiv: Schäfchen
(Originalgröße)

Gestrichelte Linie einschneiden

2.
Das Teelicht auf das Motiv stellen und einen Kreis darum ziehen.

3.
Von der Mitte aus den Kreis mehrmals einschneiden.

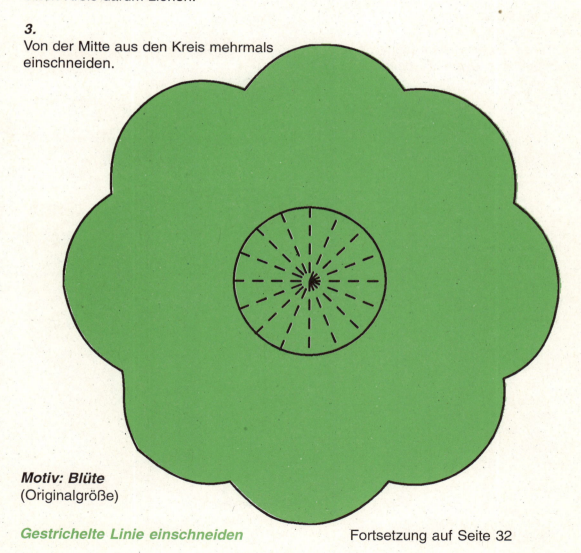

Motiv: Blüte
(Originalgröße)

Gestrichelte Linie einschneiden   Fortsetzung auf Seite 32

4.
Das Teelicht von oben in den eingeschnittenen Kreis drücken.

Bunte Teelichter sehen besonders hübsch aus.
Wer seine Kerze weitergeben möchte, klebt am besten noch einen Bierdeckel unter das Teelicht.

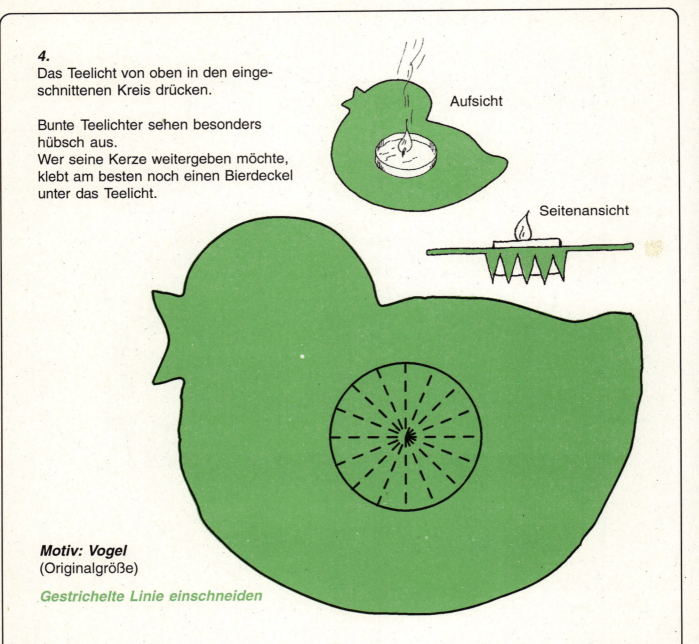

Aufsicht

Seitenansicht

Motiv: Vogel
(Originalgröße)

Gestrichelte Linie einschneiden

Die geschmückte Wohnung

Hasengirlande

Das wird gebraucht:
❖ Tonkarton in Braun und Weiß
❖ Locher ❖ Schere ❖ Stifte ❖ Band

1.
Eine Hasenschablone anfertigen von einem Hasen mit Armen und Beinen.

2.
Den Hasen mehrmals auf den Tonkarton aufmalen und ausschneiden.

3.
Mit dem Locher Löcher in einen oder beide Arme bzw. Beine stanzen.

4.
Den Hasen Gesichter, Ohren usw. malen.

5.
Die Hasen auf das Band fädeln. Nach jedem Hasen einen Knoten machen.

Stabblumen aus Papier

Das wird gebraucht:
- Blumenkataloge
- Schaschlikstäbe
- weißes Papier
- Klebstoff
- Schere

1.
Aus dem weißen Papier Kreise ausschneiden.

2.
Die Kreise auf einer Seite mit Frühlingsblumen aus den Katalogen bekleben.

3.
Einen Schaschlikspieß zwischen zwei Kreise kleben.

Verwendungsmöglichkeiten:
in Grünpflanzen oder einen Kuchen stecken mit einem Gruß daran verschenken (*siehe Beispiel*)

Frohe Ostern • Türschmuck

Das wird gebraucht:
- Pappreste

Zum Verzieren:
- bunte Papierreste oder Malfarben oder Geschenkpapierreste und Kleister

(Sollen die Buchstaben mit Geschenkpapier beklebt werden, wird das Papier zuerst mit Kleister auf die Pappe geklebt).

1.
Die Buchstaben aus der Pappe ausschneiden.

2.
Die Buchstaben anmalen und Ostermotive aus den Papierresten auf die Buchstaben kleben.

3.
Die Buchstaben mit Klebeband an die Tür hängen, so daß man die Worte gut lesen kann.

Tip:
Ganz fleißige Bastler können den Ostergruß „Der Herr ist auferstanden" an ihre Tür hängen.

Der Osterhase

Bis vor 150 Jahren kannte man den Osterhasen in vielen Teilen Deutschlands noch nicht.

Dort brachte z.B. der Storch, der Kuckuck oder die Osterhenne die Eier.

Später tauchte der Hase in vielen Bilderbuchgeschichten als Osterhase auf. Dann gab es auch Osterhasen aus Schokolade. So wurde der Hase nach und nach als der Eierbringer übernommen, vermutlich auch, weil er früher als Steuerabgabe der Bauern im Frühjahr diente.
Dann gab es noch keine Feldfrüchte, aber Hasen gab es reichlich, denn sie bekommen mehrmals im Jahr viele Jungen.

Heute werden auch Vergleiche zu Gott gezogen: der Hase schläft mit offenen Augen – Gott sieht alles, der Hase hat große Ohren – Gott hört alles.

Das Osterei

Zunächst war das Ei bei uns kein Geschenk, sondern eine Zwangsabgabe. Die Bauern bezahlten ihre Steuerabgaben im Frühjahr mit Eiern weil es noch keine Feldfrüchte gab.
Als man Eier zu verschenken begann, gab es erst nur rote Eier. Sie sollten an das Blut Jesu am Kreuz erinnern. Nach und nach wurden sie immer bunter und kunstvoller.
In Adelskreisen wurden dann Eier aus Edelsteinen und Schokolade verschenkt. Daraus entwickelten sich die heutigen süßen Eier.

In unserem christlichen Glauben vergleichen wir heute die Eierschale mit dem Grab Jesu. So wie ein Kücken die Eierschale bricht, und neues Leben beginnt, so ist auch Jesus aus dem Grab gestiegen. Er hat für uns den Tod besiegt.

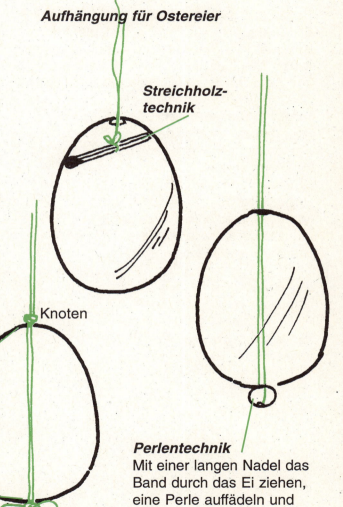

Aufhängung für Ostereier

Streichholztechnik

Knotentechnik
Das Band durchziehen, oben und unten Knoten machen und eine Schleife binden.

Perlentechnik
Mit einer langen Nadel das Band durch das Ei ziehen, eine Perle auffädeln und wieder zurück.

Eier für den Osterstrauch

Schnipsel reißen
Aus Zeitungen, Japanservietten, Buntpapier oder Prospekten kleine Schnipsel reißen. Die Eier mit Kleister bestreichen und die Schnipsel aufkleben.

Urlaubserinnerungen
Briefmarken, Eintrittskarten oder kleine Stücke von Landkarten mit Kleister auf die Eier kleben.

Blüteneier
Kleine Holzperlen als Blüteninnenpunkt auf die Eier kleben. Mit bunten Stiften den äußeren Blütenkranz malen.

Ton in Ton
Mit vielen verschiedenen Farbtönen einer Farbe einzelne Felder auf das Ei malen. Mit einem schwarzen Filzstift die Felder abteilen.

Ei mit Schleife

Das wird gebraucht:
❖ Wellpappe (von Kartons) ❖ Rest von Schleifenband ❖ Schere

1.
Aus der Wellpappe ein Ei ausschneiden.

2.
Die Seiten etwas einschneiden.

3.
Eine Schleife um das Ei binden. Das Band rutscht dabei in die Einschnitte und bekommt dadurch mehr Halt.

4.
Oben ein Band zum Aufhängen durchziehen.

Wer möchte, kann das Ei auch vorher bemalen.

Ei zum Stecken

Das wird gebraucht:
❖ ausgepustete Eier ❖ kleine (Blüten)-zweige ❖ Kräusel- und Schleifenband ❖ Tassendeckchen ❖ Stoff ❖ Perlen ❖ Schaschlikstäbe ❖ Klebstoff ❖ Kreppapier ❖ Draht

Das „Grundgerüst" ist immer gleich. Ein Ei wird auf einem Schaschlikspieß mit etwas Klebstoff befestigt. Dann wird das Stabei verziert:
z.B.

- mit Draht kleine Blütenzweige um das Ei binden.
- mit Kräuselband viele Schleifen unter das Ei binden und die enden lang herunterhängen lassen.
- ein Tassendeckchen unter das Ei kleben und Perlen auf das Deckchen setzen.
- das Ei mit Stoff umwickeln, oben mit Schleifenband zubinden (hierbei wird das Ei erst später auf den Stab geklebt.
- mit Kreppapier eine „Halskrause" unter das Ei kleben usw.

Solche Eier zum Stecken eignen sich gut als Geschenk, oder für den Blumentopf, die Ostertorte usw.

Osterfenster – *für kleine Fenster geeignet.*

Das wird gebraucht:
❖ mehrere ausgepustete Eier (in passenden Farben) ❖ farblich abgestimmte Perlen und Kräuselband ❖ Klebeband

1.
Jedes Eier mit einem langem Kräuselband auffädeln. (Perlentechnik)

2.
Auf das Band weitere Perlen aufziehen.

3.
Die Bänder oben an die Gardinenstange hängen oder mit Klebeband befestigen. Dabei ist das äußerste Band am längsten, die anderen immer ein Stück kürzer. (Wie eine Treppe)

Mobile

Das wird gebraucht:
- Filzreste in weiß und rot und grün
- dünnes Stück Rundholz ❖ Klebstoff
- Schere ❖ ausgepustetes Ei
- zwei Streichhölzer ❖ Faden

1.
Oben und unten an dem Ei ein Band anbringen. (Streichholztechnik)

2.
Das Ei an das Rundholz binden.
(In die Mitte)

3.
Aus dem Filz doppelt ein Huhn zuschneiden und das Rundholz dazwischen kleben.

4.
Ein Nest aus dem grünen Filz schneiden und unter dem Ei befestigen.

5.
Oben durch das Huhn einen Faden zum Aufhängen ziehen.

Rund um die Ostergeschichte

Die Ostergeschichte

Die Woche vor Ostern heißt auch Karwoche (Klagewoche).

Sie beginnt am **Palmsonntag.** Er erinnert uns an die Geschichte, als Jesus auf einem Esel in Jerusalem einritt. Die Menschen rissen Palmzweige von den Bäumen und legten sie Jesus in den Weg. Sie zogen ihre Mäntel aus und ließen den Esel darüber reiten. Die Palmzweige waren damals das Symbol für Sieg und für den König. Die Menschen zeigten also, daß sie Jesus als König haben wollten. Er hatte so viele Kranke geheilt und so viele Wunder getan, daß sie dachten: "Wenn Jesus unser König ist, dann geht es uns gut."
Doch Jesus wußte, daß er nicht solch ein König war, wie ihn sich die Leute wünschten.

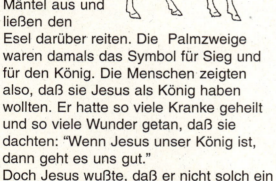

Er wollte, daß Gott in den Herzen der Menschen wohnt, daß alle so leben, wie es Gott gefällt.

Die ganze Geschichte steht in der Bibel in Lukas Kapitel 19 Vers 29-38.

Aber das haben die Menschen nicht verstanden. Sogar die Freunde (Jünger) von Jesus haben es nicht verstanden. Jesus hatte sie mitgenommen, als er wenige Tage später in den Garten Gethsemane ging. Dort wurde Jesus dann von den Soldaten gefangen genommen. Nachdem man ihn verhört hatte, brachten Soldaten Jesus auf einen Berg, der hieß Golgatha. Dort nagelten sie Jesus an ein Kreuz und er starb. Er wurde in Tücher eingewickelt und in ein Felsengrab gelegt.

Daran denken wir an **Karfreitag.**
Die Geschichte kann man in Lukas Kapitel 22 Vers 39 und Kapitel 24 nachlesen.

War jetzt alles aus?
Nein, die Geschichte geht noch weiter.
(auf Seite 48)

Rätsel

Ordne die Bilder den Tagen zu.

Die Ostergeschichte II

Lukas 24 Vers 1 bis 12

Am Ostermorgen gingen einige Frauen zum Grab. Sie hatten Duftsalben mitgebracht, um den Leichnam Jesu einzubalsamieren.
Unterwegs überlegten sie, wer ihnen den Stein von dem Felsengrab wegrollen würde.
(siehe Seite 18 – Schiebekarte)

Um so erstaunter waren sie, als sie zum Grab kamen, und sahen, daß der Stein schon zur Seite geschoben war. Vorsichtig gingen sie in die Grabhöhle hinein, aber sie fanden Jesus nicht.
Da wurden sie ganz traurig. Plötzlich sahen sie zwei Männer mit hellen Kleidern. Die Frauen erschraken Die beiden Männer sagten:
„Warum sucht ihr den Lebendigen bei den Toten? Jesus ist nicht hier, er ist auferstanden".

Sofort liefen die Frauen zu den Jüngern und erzählten ihnen, daß Jesus nicht mehr im Grab ist, und daß die Engel gesagt haben, daß Jesus lebt. Die Jünger aber glaubten ihnen nicht. Aber einer, von ihnen, Petrus, wollte es genau wissen. Er lief zum Grab und sah hinein.

Doch er fand nur die Tücher in die man Jesus eingewickelt hatte. Und er wunderte sich.

Das Gespräch

zwischen den Frauen und den Jüngern war sicherlich interessant.

Denkt euch einmal aus, was sie wohl gesagt haben, schreibt es auf und spielt es mit verteilten Rollen.

Zwei der Frauen hießen Maria und eine Johanna.

Die Gesichter der Maria

Das wird gebraucht:
❖ zwei Kreise aus festem weißen Papier (so groß wie ein Bierdeckel) ❖ Musterklammer ❖ Malstifte ❖ Wolle ❖ Schere

1.
Auf einen der Kreise, Augen und Nase aufmalen.

2.
Da, wo der Mund hinkommt ein Loch ausschneiden.

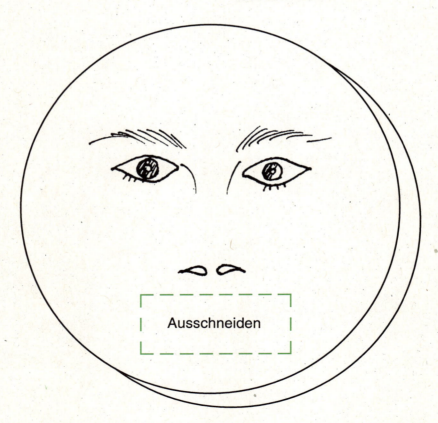

3.
Die zwei Kreise mit der Musterklammer aufeinander stecken. (am besten durch die Nase.

4.
Auf die untere Scheibe viermal den Mund der Frau malen. Dabei die Scheibe immer ein Stück weiterdrehen.

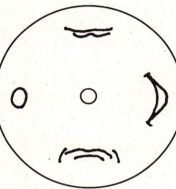

5. Aus Wolle Haare an den oberen Kreis kleben.

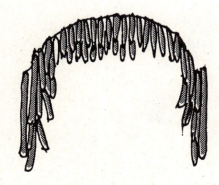

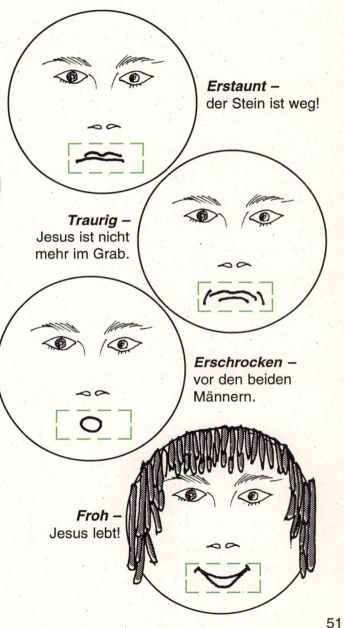

Erstaunt – der Stein ist weg!

Traurig – Jesus ist nicht mehr im Grab.

Erschrocken – vor den beiden Männern.

Froh – Jesus lebt!

Jetzt ist es ganz einfach die Ostergeschichte zu erzählen.

Die Emmausjünger

Die Geschichte steht in Lukas Kapitel 24 Vers 13-35

An demselben Tag gingen zwei Freunde von Jerusalem nach Emmaus. Sie mußten zwei Stunden dorthin laufen. Die beiden waren sehr traurig. Natürlich redeten sie unterwegs nur davon, daß Jesus gestorben war. Als sie sich so unterhielten, da kam Jesus und ging mit ihnen. Die Jünger erkannten ihn aber nicht. Jesus fragte die beiden:
"Worüber redet ihr?"
Sie berichteten ihm von ihrem Kummer. Und Jesus erzählte ihnen von Gott, seinem Vater, und daß es Gottes Wille war, daß Jesus sterben mußte, obwohl er nie etwas Böses getan hatte. Er starb für all das Böse, was die Menschen tun, weil er uns lieb hat.

Inzwischen war es dunkel geworden und sie kamen in Emmaus an. Jesus tat so, als wollte er weitergehen, aber die beiden Jünger baten ihn, mit ins Haus zu kommen und mit ihnen zu essen. Als sie am Tisch saßen nahm Jesus das Brot und betete.
Und da erkannten sie ihn. Im selben Augenblick war Jesus verschwunden. Sofort machten sich die zwei Jünger auf den Weg und liefen nach Jerusalem zurück.
Sie berichteten den Jüngern, was sie erlebt hatten:
„Jesus lebt, er ist auferstanden".

Würfelspiel

zur Geschichte der Emmausjünger

Dieses Spiel eignet sich gut für einen Nachmittag mit der Familie.
Bei mehreren Spielern kann man auch Gruppen bilden.

Das wird gebraucht:
- großes Stück Papier
- Malstifte
- Würfel
- Setzsteine

Auf das Papier das Spielbrett zeichnen. (siehe Skizze)
Reihum wird gewürfelt. Auf dem Weg bis Emmaus dürfen nur 1,2 und 3 Augen gesetzt werden, auf dem Rückweg nur 4, 5 und 6. Alle anderen Würfe verfallen. Sieger ist, wer als erster wieder in Jerusalem angekommen ist.
Es gibt die Möglichkeit, einzelne Felder farbig zu markieren. Wenn jemand auf solch ein Feld kommt, gibt es für alle eine Spielaktion.

Beispiele:
Von Jerusalem nach Emmaus mußte man zwei Stunden laufen.
Spielaktion:
Zeit abschätzen
Wir machen eine Pause und jeder schätzt, wann zwei Minuten vorbei sind. Wer am besten geschätzt hat, bekommt die höchste Punktzahl

Die Jünger waren traurig.
Auf Zeit aufschreiben, warum man traurig und warum man fröhlich sein kann. Für jede Situation, die kein anderer Spieler aufgeschrieben hat, gibt es einen Punkt.

Sie erkannten Jesus nicht
Kinderfotos von Bekannten und Verwandten raussuchen. Jeder Spieler gibt seinen „Tip" ab.

Jesus erzählte ihnen von Gott.
Bibelquiz oder den Osterquiz (Seite 56)

Inzwischen war es dunkel geworden.
Kerzen auf Zeit anzünden.

Jesus betete
Ein Tischgebet formulieren oder einen gemeinsamen Imbiß.

Die Jünger liefen nach Jerusalem zurück
Wettlauf evtl. mit Hindernissen.

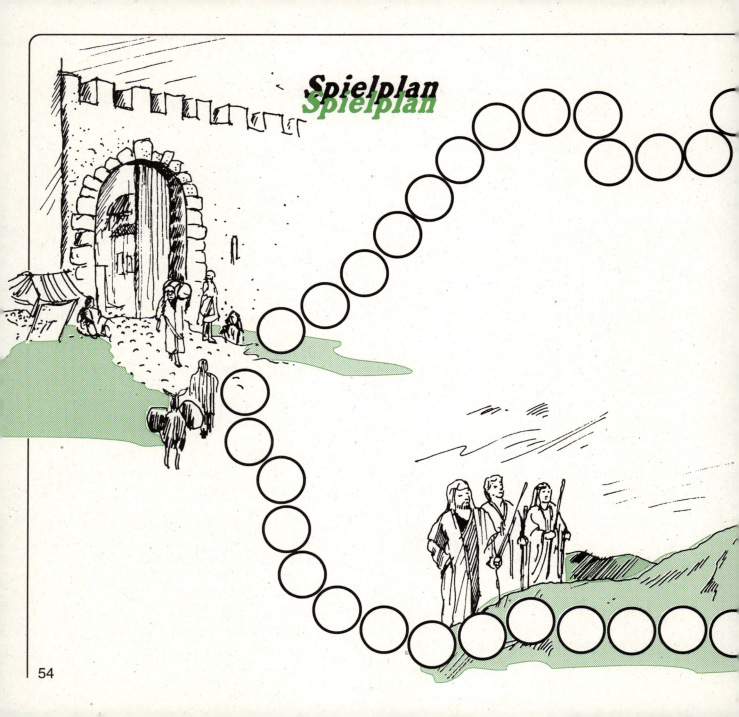

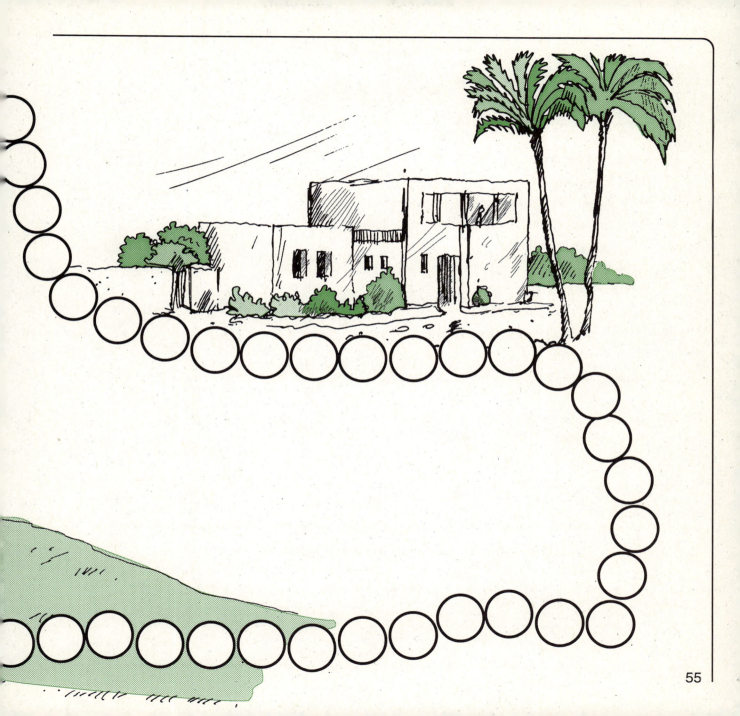

Das Osterquiz

1. In was wurde Jesus eingewickelt?
2. Was war Golgatha?
3. Auf welchem Tier ritt Jesus in Jerusalem ein?
4. Die Emmausjünger...... nach Jerusalem zurück.
5. Der Weg dauerte zwei.......
6. auf dem Weg von Jerusalem nach Emmaus............ sie sich.
7. Was war vor der Grabhöhle?
8. Die beiden Männer mit den hellen Kleidern waren.....
9. Anderes Wort für Freunde von Jesus.

Weitere Fragen selbst ausdenken und einen Rätselnachmittag machen.

**Die Anfangsbuchstaben der Lösungswörter ergeben
– von hinten nach vorne gelesen – die Osterbotschaft.**

Spiele

**Tischspiele
für schlechtes Wetter**

**Spielideen für draußen,
wenn es langsam wärmer wird**

Tips für die Ostereiersuche

Eier anmalen

Material:
- Papier und Bleistift ❖ Buntstifte
- Farbenwürfel

1.
Mit dem Bleistift malt jeder Spieler ein Nest mit sechs Eiern auf sein Papier.

Jetzt wird gespielt:
Es wird reihum gewürfelt. Zeigt der Würfel z.B. rot, malt der Spieler ein Ei in seinem Nest rot an. Es darf keine Farbe doppelt gemalt werden.
Würfelt der Spieler erneut rot, gibt er den Würfel einfach weiter. Bei weiß kann eine Farbe nach Wahl genommen werden.

Welcher Spieler hat seine Eier als Erster angemalt?

Käferwettflug

Material:
- Papierreste ❖ schwarzer Filzstift
- Malstifte ❖ Schere ❖ Würfel

1.
Auf das Papier malt jeder Spieler eine große Blüte und sechs Marienkäfer und schneidet sie aus. Die Käfer bekommen 1 bis 6 Punkte.

Jetzt wird gespielt:
Es wird reihum gewürfelt. Bei einer 1 darf der Käfer mit dem einen Punkt auf die Blüte fliegen, bei einer 2 der nächste Käfer usw.
Gewonnen hat der Spieler, der zuerst alle Käfer auf der Blüte liegen hat.

Und noch ein Spiel mit den Käfern:

Die Käfer werden verdeckt auf den Tisch gelegt, so daß man die Punkte nicht sehen kann. Immer zwei Spieler decken je einen Käfer auf.
Wer die höhere Punktzahl aufgedeckt hat, darf die beiden Käfer behalten. Bei gleicher Punktzahl bekommt jeder Spieler einen Käfer.
Gewonnen hat, wer am Schluß die meisten Käfer besitzt.

Feierabend

Material:
- großes Stück Papier ❖ kleine Schachtel (z.B. von Medikamenten) ❖ Malfarben
- Zirkel ❖ für jeden Spieler ein kleines Holz- oder Plastiktier aus der Spielzeugkiste (Enten, Gänse, Schafe) ❖ Würfel

1.
Mit dem Zirkel auf das Papier sechs Ringe mit 3 cm Abstand (ähnlich wie eine Zielscheibe) malen.

2.
Aus dem Karton einen Stall basteln, indem man Deckel und eine Seite ausschneidet und den Karton bemalt.

3.
Der Karton wird in die Mitte der Ringe gestellt, die Tierfiguren auf den äußersten Ring.

Jetzt wird gespielt:
Reihum wird gewürfelt. Bei einer 1 oder 2 darf der Spieler sein Tier einen Ring weiter setzen. Bei einer 3 oder 4 bleibt die Figur stehen. Würfelt jemand eine 5 oder 6 muß das Tier einen Ring zurückgehen.
Wer hat sein Tier als erster im Stall?

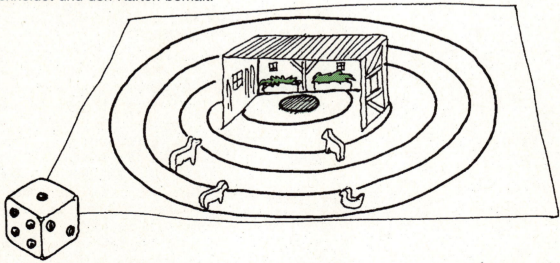

Ostereiersuche mal anders

Bei allen Ideen gibt es die Möglichkeit, die Spieler in Gruppen einzuteilen, oder jeden einzeln suchen zu lassen. Bei altersgemischten Spielern ist eine Gruppeneinteilung sinnvoll.

Ostereiersuche mit Musik

Diese Art ist eher für bewohntes Gebiet als für den Wald geeignet.

Möglich wäre auch ein Sportplatz o.ä. Musik aus einem Recorder laufen lassen. Solange die Musik läuft dürfen alle suchen. Geht die Musik aus, kommt jeder sofort zum Ausgangspunkt zurück. Von dort aus wird wieder neu gestartet.

Ostereiersuche mit Quizfragen

Die Spieler bekommen eine Quizfrage gestellt.

Die Antwort ist das Versteck.

Es können allgemeine Fragen sein:
Was ist der Fudschijama?	Berg
Der Mai ist gekommen, die .... schlagen aus.	Bäume
Wo hatte sich das jüngste der sieben Geislein versteckt?	**Uhrenkasten**

Oder persönliche Fragen:
Wo ist Kittys Hose zerrissen?	Zaun
Wo ruht sich Papa am liebsten aus?	usw.

Nach der Frage laufen alle gleichzeitig los. Die Lösung wird erst bekannt gegeben, wenn ein Spieler das Ei gefunden hat.

Ostereiersuche

---- *mit Aufgaben* ---- ---- *mit Spaziergang* ----

Die Spieler suchen in einem abgegrenzten Gebiet, werden aber immer wieder durch Aufgaben unterbrochen, die sie sofort zu erfüllen haben erst danach dürfen sie die Suche fortsetzen:

z.B. ❖ einen Gegenstand besorgen ❖ ein Rätsel lösen ❖ Gymnastikübungen machen ❖ etwas malen usw.

Auf einem Osterspaziergang kann man vieles entdecken, was die Natur im Frühling zu bieten hat. Immer wieder weist der Spielleiter auf besondere Dinge hin (neue Knospen, den Geruch von Kräutern, Tiere usw.) Die Spieler sehen sich alles genau an, denn oft ist ein Osterei an den entsprechenden Stellen versteckt.
Zum Abschluß gibt es einen Naturquiz. Für jüngere Spieler kann eine Geschichte eingebaut werden.

Farbsuche

Jeder Spieler bekommt eine Farbe genannt, und darf nur die Eier in dieser Farbe suchen.
Findet er ein Ei in einer anderen Farbe, muß er es liegenlassen.

Was man mit ausgepusteten Eiern spielen kann:

- zuwerfen, sie dürfen nicht zerbrechen

- ins Nest (Kreidekreis) blasen

- mit der Nase zum Ziel (Kreidestrich) rollen

- mit einem Handfeger Slalomrollen (Tore sind Bücher)

- auf einem Bierdeckel über Hindernisse (Tische, Stühle, gespannte Schnüre) tragen

- mit den Füßen weitergeben (Spieler sitzen im Kreis)

- pusten (Spieler sitzen um den Tisch, das Ei darf nicht herunterfallen)

Spielideen für draußen

Huhn, Ente und Hase

Material:
- ausgepustete Eier
- Malstifte oder Papierschnipsel und Kleister

Drei Spieler bilden eine Gruppe. Sie einigen sich, wer der Hase, die Ente und das Huhn ist. Der Spielleiter hat in einem abgegrenzten Gelände ausgepustete Eier versteckt.

Nach dem Startzeichen laufen die Hühner los, um ein Ei zu suchen. Hat ein Huhn ein Ei gefunden, gackert es ganz laut. Sogleich watschelt die Ente los, um das Ei zu holen und es zum Hasen zu bringen. Dieser bemalt die Eier oder beklebt sie mit Papierschnipseln.
Währenddessen suchen die Hühner eifrig nach dem nächsten Ei.

Bei der Bewertung zählt die Anzahl und die Gestaltung der Eier.

Geschmackstest

Material:
- kleine Plastikbehälter (für Lebensmittel) o.ä.
- Stifte und Zettel

Dieses Geländespiel läßt sich auch gut in einen Osterspaziergang einbinden.

Die Spieler werden in mindestens zwei Gruppen eingeteilt.
Im Gelände sind kleine Behälter mit Schokoladeneiern in verschiedenen Geschmacksrichtungen (z.B. Vollmilch, Marzipan, Krokant usw.) versteckt.
Jeder Gruppe wird eine Geschmacksrichtung zugeteilt, die sie nun suchen soll.
Findet eine Gruppe einen Behälter mit der falschen Sorte (probieren ist erlaubt), läßt sie diesen im Versteck. Bei der richtigen Sorte wird der Behälter mitgenommen.
Er enthält auch einen Zettel mit einem Lösungsbuchstaben. Alle Buchstaben richtig zusammengesetzt ergeben ein Lösungswort.

Bei sehr vielen Spielern, bekommen mehrere Gruppen die gleiche Geschmacksrichtung und lassen die Behälter an Ort und Stelle, notieren sich aber die Lösungsbuchstaben.

Wem das Spiel zu "ungesund" ist, versucht es mal mit Obststücken oder Craker mit unterschiedlichem Aufstrich oder etwa mit Parfümdüften von Frühlingsblumen.

Eier-Boccia

Das wird gebraucht:
❖ T-T-Ball ❖ gekochte Eier

Jeder Spieler bekommt 2 Eier einer Farbe.
Die Spielregeln sind wie beim richtigen Boccia. Ein Spieler wirft den T-T- Ball. Reihum werfen die Spieler ihre Eier möglichst nah an den T-T-Ball heran.
Das Ei, welches am nächsten liegt bekommt **3** Punkte,
das zweite **2** Punkte
und das dritte **1** Punkt.
Dann ist der nächste Spieler an der Reihe. Er wirft den T-T-Ball.
Die Punkte mehrerer Runden werden zusammengezählt.

Rezepte

Blumentopfkuchen zum Muttertag

Das wir gebraucht:
- einen neuen Tonblumentopf (Durchmesser 14 cm)
- dicker Strohhalm
- ein Stück festes Papier
- Klebstoff
- Klebeband
- Butterbrotpapier

Zutaten:
125 g Butter
100 g Zucker
1 Vanillezucker
3 Eier
175 g Mehl
1 Teel. Backpulver
1 Päckchen Marzipanrohmasse
zum Verzieren:
Puderzucker, Bonbons usw.

1.
Den Blumentopf mit warmem Wasser auswischen. Über das Bodenloch ein Stück Butterbrotpapier legen.

2.
Die Zutaten (100 g Marzipan) in eine Schüssel geben und verrühren.

3.
Den Blumentopf gut fetten und mit Paniermehl ausstreuen.

4.
Den Teig in den Blumentopf füllen.

5.
Alles bei 180° C auf der untersten Schiene ca. 90 Minuten backen.

6.
Wenn der Kuchen etwas abgekühlt ist, vorsichtig aus der Form lösen und oben gerade abschneiden.

7.
Mit Puderzucker und der restlichen Marzipanmasse, Bonbons usw. verzieren.

8.
Aus dem Papier eine Blüte ausschneiden und Bonbons aufkleben. Die Blüte mit einem Klebeband an den Strohhalm kleben und in den Blumentopf stecken.

Nest aus dem Backofen

Das wird gebraucht:
200g Speisequark
½ Tasse Milch
½ Tasse Pflanzenöl
1 Päckchen Vanillezucker
100 g Zucker
1 Prise Salz
175 g Vollkornhaferflocken
175 g Mehl
1 Päckchen Backpulver
Rosinen
❖ Fett für das Blech ❖ Alufolie ❖ Toilettenrollen ❖ Schere

1.
Quark, Milch, Öl, Zucker und Salz mit einem Löffel verrühren.

2.
Haferflocken, Mehl und Backpulver mischen und mit den anderen Zutaten verrühren. Es entsteht ein klebriger Teig.

3.
Zwei Hände voll Rosinen dazugeben.

4.
Aus der Rolle 3 cm breite Ringe schneiden und diese mit Alufolie beziehen.

5.
Aus dem Teig kleine Fladen (ähnlich wie Frikadellen) formen und sie auf das gefettete Backblech legen.

6.
Die Aluringe in die Mitte der Fladen drücken.

7.
Das Ganze bei ca. 180° C 20 bis 30 Minuten backen (je nach Dicke).

8.
Nach dem Abkühlen die Ringe entfernen.

9.
Ein Ei in die Mitte setzen.

Quarkeier

herzhaft

Das wird gebraucht:
Quark
Milch
Salz und Pfeffer
kleine runde Käsestücke (20 g)
mit oranger Wachsschale

1.
Den Quark mit etwas Milch cremig rühren und mit Salz und Pfeffer abschmecken.

2.
Einen Löffel Quark auf einen (farbigen) Teller geben und einen Käse als Eidotter in den Quark legen.

Dazu paßt Knäckebrot.

süß

Das wird gebraucht:
Quark
Milch
Zucker oder Süßstoff
eine Dose Pfirsiche

1.
Den Quark mit etwas Milch cremig rühren und mit Zucker oder Süßstoff abschmecken.

2.
Einen Löffel Quark auf einen (farbigen) Teller geben und einen Pfirsich als Eidotter in den Quark legen.

Dazu passen Plätzchen.

Wohin mit den harten Eiern?
Bunte Blume

Das wird gebraucht:
hart gekochte Eier
verschiedene rohe Gemüsesorten
(Gurken, Tomaten, Paprika usw.)

1.
Die Eier halbieren oder vierteln.

2.
Das Gemüse waschen und kleinschneiden.

3.
Alle Zutaten in Form einer Blüte auf einen Teller legen. Da gibt es viele verschiedene Möglichkeiten ...

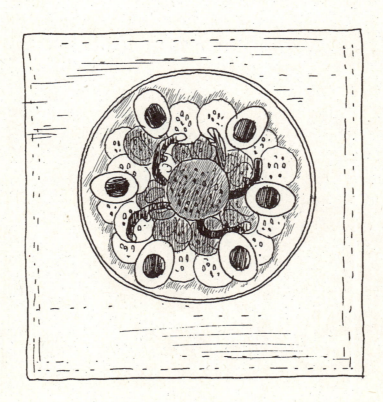

Der einfache Eiersalat

Das wird gebraucht:
5 hart gekochte Eier
150 g Gouda
1 Päckchen Fleischsalat
1 Glas Gurken

1.
Die Eier, zwei Gurken und den Käse kleinschneiden.

2.
Zwei Eßlöffel Essig (aus dem Gurkenglas) dazugeben und alles vermischen.

3.
Den Fleischsalat unterrühren.

Aus den bunten Eierschalten kann man ein Mosaik machen. Ein Motiv auf ein Stück festes Papier zeichnen, Klebstoff auftragen und die Schalen aufkleben.

Osterwiese als Nachtisch

Das wird gebraucht:
1 Päckchen grüner Wackelpudding
1 Becher Schlagsahne
Hasen und Eier aus Schokolade oder Marzipan
eine Spritztüte
pro Person ein Puddingschälchen

1.
Den Wackelpudding nach Anleitung kochen und in die Schälchen füllen. Er ist die grüne Wiese.

2.
Die Sahne schlagen, in die Spritztüte füllen und kleine Blümchen auf den Wackelpudding setzen.

3.
Häschen und Eier auf den Pudding legen.

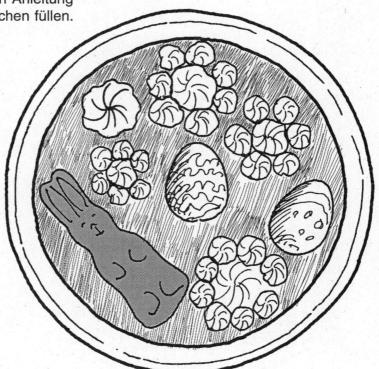

Frühlingsgrüße aus Naturmaterial

Glockenspiel

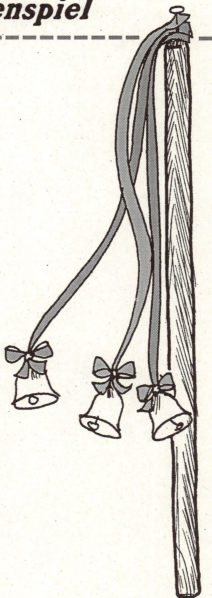

Das wird gebraucht:
❖ Ast ❖ Hammer und Nagel ❖ bunte Reste von Schleifenband ❖ Glöckchen

1.
Einen Nagel oben in den Ast schlagen. Den Nagel nicht ganz einschlagen.

2.
Die Schleifenbänder um den Nagel binden, so daß sie herunterhängen.

3.
Unten an die Bänder Glöckchen befestigen.

Besonders gut geeignet für die erste Frühlingsparty im Freien oder den Tanz um den Maibaum.

Astgesteck zum Hängen

Das wird gebraucht:
❖ dicker Ast ❖ Blütenzweige ❖ Steckmasse ❖ evtl. kleine Vögel ❖ Schmetterlinge o.ä. aus Moosgummi ❖ Papier oder Filz ❖ Schleifenband ❖ beidseitiges Klebeband

1.
Ein Stück Steckmasse in der Mitte des Astes kleben.

2.
Blütenzweige und die kleinen Tiere auf der Steckmasse befestigen.

3.
Um jedes Astende ein Band binden und das Gesteck aufhängen.

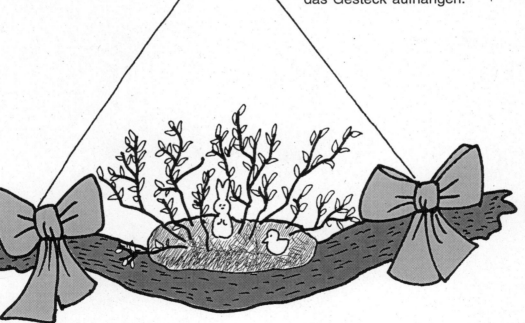

Auf dem Hühnerhof

Das wird gebraucht:
❖ Papierreste ❖ ein Stück dicke Pappe
❖ Klebstoff ❖ Körner ❖ halbe Eierschalen (gut ausgewaschen) ❖ Sand

1.
Aus dem Papier einen Hahn, Hühner und Küken schneiden, und auf die Pappe kleben.

2.
Mit den Naturmaterialien den Hühnerhof gestalten: Sand zum Scharren, Körner zum Fressen und aus der Eierschale ist gerade ein Küken geschlüpft.

Bestimmt gibt es noch mehr Möglichkeiten.

Das halbe Ei

Das wird gebraucht:
❖ halbe Plastikeier ca. 15 cm groß (vorher von einem Erwachsenen längs durchsägen lassen) ❖ Klebstoff ❖ beidseitiges Klebeband ❖ Schleifenband ❖ Naturmaterial wie: Rinde, Gräser oder kleiner Blütenast ❖ Dekorationsartikel wie kleine Schmetterlinge ❖ Käfer oder Vögel (diese können auch aus Moosgummi oder Wellpappe geschnitten sein)

1.
Von einem Erwachsenen mit einer spitzen Schere ein Loch oben in das Ei stechen lassen.

2.
Das Schleifenband als Aufhängung durch das Loch ziehen. Mit Schleifen, einem Blütenast oder einem Schmetterling verzieren.

3.
In das Ei Äste, Gräser usw. kleben.

4.
Kleine Tiere dazusetzen.

Gerade geschlüpft

Das wird gebraucht:
❖ Schälchen oder tiefer Teller ❖ gelber Wattebausch ❖ Tonpapierrest in rot und schwarz ❖ aufgeschlagene Eierschale (gut auswaschen) ❖ Moos

1.
Das Schälchen mit etwas Wasser füllen und mit Moos auslegen.

2.
An den gelben Wattebausch einen roten Schnabel und zwei schwarze Augen aus Tonpapier kleben.

3.
Den Wattebausch als Küken in eine Eihälfte setzen und auf das Moos stellen. Die zweite Eihälfte danebenlegen.

Soll die Schale als Osternest verschenkt werden, legt man noch hartgekochte Eier oder Süßes dazu.

Palmkranz

Das wird gebraucht:
❖ zwei bis drei dünne Äste mit Weidenkätzchen ❖ ein Stück Paketschnur
❖ Rest von Schleifenband ❖ ausgepustetes und bemaltes Ei

1.
Die Äste zum Oval biegen und oben mit dem Paketschnur zusammenbinden. Dabei ein Band zum Aufhängen stehenlassen.

2.
Ein Stück Schleifenband darüberbinden.

3.
Das Ei in die Mitte der Zweige hängen.

Muttertags-geschenke

Der Muttertag

Die „Erfinderin" des Muttertages hieß Anna Jarvis. Sie wurde 1864 in Amerika geboren und hatte noch zehn Geschwister.
Anna wurde Lehrerin und lebte mit ihrer Mutter zusammen. Am 9. Mai 1905 starb Annas Mutter. Anna war sehr traurig und kam auf den Gedanken, daß alle Mütter an einem bestimmten Tag geehrt werden sollten.
Neun Jahre später wurde dann der Muttertag in Amerika offiziell.
Heute wird er in 44 Ländern der Welt gefeiert.

Glockenblume

Das wird gebraucht:
❖ Stoffrest (wenn möglich in Blautönen)
❖ Nadel und Faden ❖ Füllmaterial (Watte, Feinstrümpfe o.ä.) ❖ blaue Holzperlen ❖ festen Draht

Tip:
Sieht besonders hübsch in Grünpflanzen aus.

1.
Auf den Stoff (links) doppelt eine Glockenblume aufzeichnen und bis auf ein kleines Stück zusammennähen.

2.
Den Stoff auf rechts drehen und die Blume mit dem Füllmaterial ausstopfen.

3.
Das restliche Stück noch zunähen und oben einen Faden durchziehen.

4.
Unten an die Blume die Holzkugeln hängen.

5.
Den Draht zum Haken biegen und die Glockenblume darangingen.

Hut

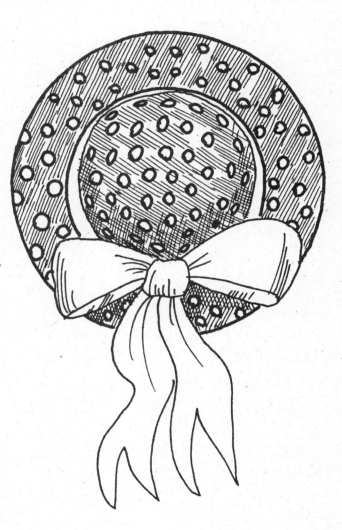

Das wird gebraucht:
❖ Stoffrest ❖ ½ Styroporkugel ❖ Rest von Schleifenband ❖ dicke Pappe ❖ Klebstoff ❖ Schere

1.
Die halbe Styroporkugel mit Stoff beziehen.

2.
Aus der Pappe einen Kreis schneiden und von einer Seite mit Stoff bekleben.

3.
Die Kugel in die Mitte des Kreises kleben.

4.
Ein Schleifenband um die Kugel kleben, die Bänder runterhängen lassen.

5.
Eine Schleife oder Blumen an dem Hut befestigen.

Als Wandschmuck ist der Hut besonders schön.
Da die Kugel aus Styropor ist, kann man Nadeln hineinstecken und den Hut auch als Nadelkissen oder Notizhalter verwenden.

Kette

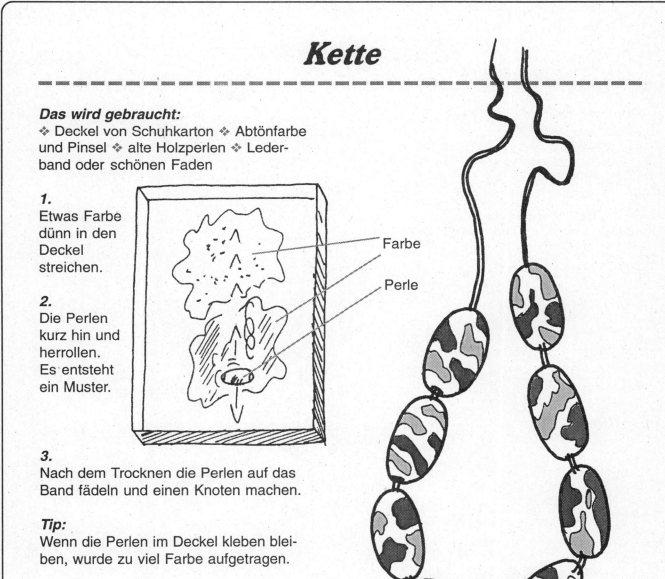

Das wird gebraucht:
❖ Deckel von Schuhkarton ❖ Abtönfarbe und Pinsel ❖ alte Holzperlen ❖ Lederband oder schönen Faden

1.
Etwas Farbe dünn in den Deckel streichen.

2.
Die Perlen kurz hin und herrollen. Es entsteht ein Muster.

3.
Nach dem Trocknen die Perlen auf das Band fädeln und einen Knoten machen.

Tip:
Wenn die Perlen im Deckel kleben bleiben, wurde zu viel Farbe aufgetragen.

Geschenkkarton

Das wird gebraucht:

- Schuhkarton (möglichst einfarbig)
- Schneidemesser oder spitze Schere
- Seidenpapier ❖ Zeitungen ❖ Stift

1.
Unter den Deckel Zeitungen legen, so daß er gut aufliegt.

2.
Ein Motiv (z.B. Buchstaben, Blumen o.ä.) aufmalen und mit dem Messer ausschneiden.

3.
Das Seidenpapier in den Karton legen, so daß man es durch den Scherenschnitt sehen kann.

Herzkranz

Das wird gebraucht:
❖ Schere ❖ Schneidemesser ❖ Klebstoff
❖ Tonpapierreste ❖ ein Stück Tonkarton

1.
Aus dem Tonkarton ein Herz schneiden. Das Innenteil ausschneiden, so daß ein 0,5 cm breiter Rand stehen bleibt.

2.
Aus dem Tonpapier Blüten und Blätter ausschneiden und mit dem Messer zweimal einritzen.

3.
Das Herz unten durchschneiden und die Blüten und Blätter „auffädeln".

4.
Über die Schnittstelle ein Herz oder eine Blüte kleben.

Handtuchhalter

Das wird gebraucht:
❖ altes Holzbrettchen ❖ Holzwäscheklammern ❖ Holzleim ❖ Farben zum Bemalen von Holz

1.
Das Brettchen und die Klammern anmalen.

2.
Die Klammern auf das Brett kleben.

Als Aufhängung werden zwei Löcher durch das Holz gebohrt, oder man befestigt zwei Bildaufhänger an der Rückseite.

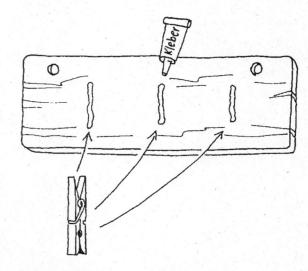

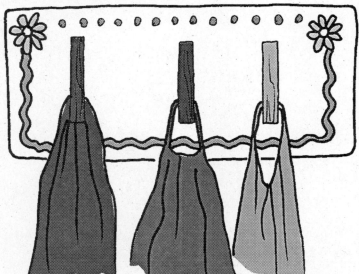

Womit man die Mutter
noch überraschen kann

Riesenkarte:
Auf einen großen Karton (z.B. von Möbeln) eine Liebeserklärung, Adresse und Absender schreiben und von einem (verkleideten) Postboten überreichen lassen.

Mitteilung:
Mit Fingerfarben an das Fenster schreiben: Hier wohnt die liebste Mutter der Welt. (Spiegelverkehrt schreiben, damit man es draußen lesen kann.)

Liebesbriefe:
Viele Liebeserklärungen auf kleine Zettel schreiben und in der Wohnung verstecken. z.B. im Zahnputzbecher, auf der Waschmaschine, ans Honigglas geklebt usw.

Muttertagsgebet:
Ein ganz persönliches Gebet formulieren und vor dem Essen vorlesen.

... und überhaupt freuen sich auch die Papas über solche Liebesbeweise!

Auflösung von Seite 56

JESUS LEBT
9 8 7 6 5 4 3 2 1

1. **T**ÜCHER
2. **B**ERG
3. **E**SEL
4. **L**IEFEN
5. **S**TUNDEN
6. **U**NTERHIELTEN
7. **S**TEIN
8. **E**NGEL
9. **J**ÜNGER

Brigitte Bodenstab
Rund ums Weihnachtsfest
ISBN 3-86188-169-1

Die Zeit vor und um Weihnachten ist eine besondere Zeit. Es wird gebastelt, gebacken, Geschenke werden ausgedacht, und an kalten Abenden sitzt man gemütlich im Wohnzimmer. In diesem Buch finden Sie für alles rund um Weihnachten Anregungen und konkrete Ideen. Vom abwechslungsreichen Adventskalender bis zum Weihnachtsbriefpapier, von der Schneegrußkarte bis zum Plätzchenmemory, vom Spielen mit Nüssen bis zur Original-Weihnachtsgeschichte uvm.

Brigitte Bodenstab
Rund ums Weihnachtsfest Band 2
ISBN 3-86188-170-5

Dieses Buch gibt viele neue Anregungen und Ideen zum Spielen, Basteln, Geschenke finden und verpacken, zum Kochen und Backen, zum Erzählen und vieles mehr. So entstehen Adventsüberraschungen, lustige Ideen rund um Nikolaus, Weihnachtsschmuck, Geschichten und ein Weihnachtsbuffet. Und natürlich Geschenke und Ideen für deren umweltfreundliche Verpackung. Wie der erste Band, eine Fundgrube für die ganze Familie.

Birgit und Rainer Fauser
Familienspaß im Kirchenjahr
Anregungen zur aktiven Gestaltung der christlichen Feste
ISBN 3-86188-113-6

Die gemeinsame und aktive Gestaltung der kirchlichen Fest- und Feiertage im Rahmen der ganzen Familie ist das Ziel dieses Buches. Die einzelnen Feste des Jahreskreises werden konfessionsneutral dargestellt und zahlreiche Anregungen zur Gestaltung der Tage gegeben. Viele abwechslungsreiche und lustige Beschäftigungsmöglichkeiten sind das Ergebnis.

Margit Thomas
Mit Kindern und Nilpferden spielend reisen
ISBN 3-86188-120-0

Dieser Band enthält hunderte von Ideen, wie man etwas gegen die häufig auftretende Langeweile einer Auto-, Bahn- oder Flugreise tun kann. Doch er soll Kindern nicht nur eine Beschäftigung bieten, sondern sie auch anregen, selber kreative Gedanken zu entwickeln.

Margit Thomas
Viel Spaß für wenig Geld
Spiele basteln aus Haushaltsresten
ISBN 3-86188-111-X

Basteln und Spielen, das sind die Lieblingsbeschäftigungen aller Kinder. Erst basteln wir unsere Spiele selbst aus vielen kleinen Gegenständen und Resten aus dem Haushalt, dann spielen wir nach Herzenslust Familienspiele, Lege-, Wurf- und Bewegungsspiele, Geburtstagsspiele, Tisch- und Brettspiele, Schatzsuche und vieles mehr. Bastelfreude und Spielspaß für Drinnen und Draußen.

Esther Stark
Wir spielen wie zu alten Zeiten
ISBN 3-86188-120-9

Ganz anders haben sich Kinder früher beschäftigt, ganz andere Spiele gespielt. In diesem Buch werden die alten Spiele zu neuem Leben erweckt. Eine Vielzahl von fast vergessenen Kinderspielen verdient es, nicht in Vergessenheit zu geraten. Ausführliche Spielanleitungen, Altersangaben und Angabe der Spielerzahl, verbunden mit Bastelanleitungen zum Selbstherstellen der Spielmaterialien beinhaltet dieses Buch.

Fragen Sie nach dem ZEBOLD Gesamtverzeichnis!